UMENKÖNIG
covská

tion

auer Edition GmbH, Kiel

veränderte Auflage © 2006 by Květa Pacovská
gung, gleich durch welche Medien, vorbehalten.
and licensing ag" Zürich
thografie: Fotoriproduzione Ermanno Beverari, Italien
uer Publishing Ltd. Hong Kong
BN 978-3-86566-054-1

der Deutschen Bibliothek
ionalbibliografie; detaillierte bibliografische Daten sind im Internet über
de abrufbar.

nden Sie unter: www.minedition.com

Es gibt e
einen ganz
Er wohnt in
kleinen Königs
fernen Reich
spaziert der
in seinen
garten
In seinen Man
Tulpenzwieb
Schritt sticht e
Erde. Vorsich
eine Tulpenz

uen Morgen
ulpenzwiebeln –
wartet er.

Er wartet

und warte

bis eines sch
sein Schlos
kleiner Blume

Am ander
blüht sein g
Köni

Da freu
kleine Blu

cklich ist der
könig nicht.

hm noch
Glück.
ist leer
ehnsucht.

Plötzlich ruft er
„Jetzt weiß ich, v

„... die Prinzessin!"

Sofort
   macht sich der kleine Blumenkönig auf die Suche.

Er sucht den ganzen Tag,

er sucht bei Regen und bei Sonnenschein,

und er sucht die ganze Nacht.

„Da bin ich!", tönt es leise aus einem Tulpenkelch. Ein Fenster öffnet sich. Der kleine Blumenkönig schaut und staunt. Ist das die Prinzessin, die er sucht?

Der kleine Blumenkönig
und die Prinzessin haben sich
gefunden.

Vor dem Königsschloss
warten schon die Trompeter.

„Gratuliere, gratuliere!"

Heute
wird Hochzeit
gefeiert.

Und
die kleine Prinzessin...

der Blumen.

Jetzt ist der kleine
Blumenkönig so glücklich
wie nie zuvor.

einen König,
inen König und
igin, eine ganz
 Königin.
 zusammen
 kleinen
nd sind froh
miteinander.